Aprende a Desarro Spring Framew

I0003218

Gabriel Méndez González

Índice de Contenidos

Introducción a Spring Framework

Spring es un framework que da soporte al desarrollo de aplicaciones empresariales en Java, surgió como una alternativa ligera a la compleja plataforma J2EE, ganando muchísima popularidad entre los programadores.

Spring nos proporciona una serie de características, entre las que tenemos que destacar la inyección de dependencias, la gestión de transacciones, el soporte para pruebas automatizadas y el soporte orientado a aspectos de programación.

Spring Framework es un software libre, desarrollado por la Spring Source. Se puede utilizar en contenedores web, dispensando servidores de aplicaciones JEE como Glassfish y JBoss. También se puede utilizar para aplicaciones de escritorio.

Spring tiene varios Frameworks complementarios que son:

- **Spring MVC** para el desarrollo de aplicaciones web (es parte del Spring Framework).
- **Spring Security** para la inserción de funcionalidades para la autenticación y autorización.
- **String Data** para aplicaciones que utilizan las nuevas tecnologías de almacenamiento de datos NoSQL como bases de datos y servicios en la nube.
- **Spring Web Services** para la creación de servicios Web basados en SOAP.

- **Spring Web Flow** es una extensión del Spring MVC para permitir la implementación de flujos (Wizards) de pantallas.
- **Spring Roo** para el desarrollo de estilo de desarrollo Ágil como Ruby on Rails.
- Otros menos usados.

La Inyección de dependencia

La inyección de dependencia es un principio que reduce el acoplamiento y favorece la cohesión del código Orientado a Objetos.

En vez de que una instancia asuma la responsabilidad de la inicialización de suus dependencias, esta inicialización se lleva a cabo por un agente externo, y a continuación, se insertan las dependencias (inyectado) en la instancia.

En el siguiente ejemplo, A es el responsable de iniciar su dependencia b.

```
class A{
      private B b;
      public A(){
      b = new B();
      }
}
```

Ahora, A ya no es la responsable de inicializar su dependencia. Quién crea A es el responsable de informar al objeto b.

```
class A{
    private B b;
    public A(B b){
    this.b = b;
    }
}
```

La plataforma JEE6 ofrece la inyección de dependencia a través de JSR 299 y JSR 330. El JSR 330 fue propuesto por SpringSource y Google para estandarizar las anotaciones de inyección de dependencia, se base en Spring 3. A continuación vamos a ver un ejemplo:

```
{public class MiDAO
 @Inject
private EntityManager em;
 ...
}
```

Usar Maven para obtener las Bibliotecas de Spring

Para poder usar Maven para poder usar las bibliotecas de Spring primero debemos instalar el Maven y a continuación:

De manera Manual:

- Descargar Maven desde su sitio oficial, descomprimir el archivo y crear la variable de entorno M2_HOME apuntando al directorio de instalación de Maven.

- Crear la variable de entorno M2 apuntando a M2_HOME/bin.
- Incluir M2 la variable de entorno PATH.

Mediante Linux con apt-get:

```
$ apt-cache search maven
$ sudo apt-get install maven
```

A continuación debe crear un proyecto en Maven. Para ello escribimos en la consola el siguiente código:

```
mvn archetype:generate -DgroupId=ifrn -
DartifactId=tempApp -DarchetypeArtifactId=maven-
archetype-quickstart -DinteractiveMode=false
```

Tenga en cuenta la creación del directorio tempApp.

En el archivo pom.xml deberá agregar el siguiente código fuente:

```
<repositories>
<repository>
<id>springsource-repo</id>
<name>SpringSource Repository</name>
<url>http://repo.springsource.org/release</url>
</repository>
</repositories>
<!-- Na tag dependencies -->
<dependency>
<groupId>org.springframework</groupId>
<artifactId>spring-context</artifactId>
<version>3.2.4.RELEASE</version>
</dependency>
<dependency>
```

```
<groupId>org.springframework</groupId>
<artifactId>spring-web</artifactId>
<version>3.2.4.RELEASE</version>
</dependency>
```

En la consola, deberá cambiar el directorio por tempApp. A continuación ejecute el comando para obtener las dependencias (archivos JAR):

-mvn dependency: copy-dependencies

Tenga en cuenta que las dependencias se han descargado y copiado en el directorio objetivo/dependency.

Creación de proyecto en Eclipse

Para crear el proyecto con el Eclipse elegir Web Dynamic Proyect con soporte para JSF. A continuación copie los archivos JAR del proyecto tempApp al directorio WEB-INF/lib, y añadirlos al classpath del proyecto web.

En la carpeta src, deberá crear el archivo applicationContext.xml con el siguiente código fuente:

```
<?xml version="1.0" encoding="UTF-8"?>
<beans
xmlns="http://www.springframework.org/schema/beans"
xmlns:xsi="http://www.w3.org/2001/XMLSchema-instance"
xmlns:context="http://www.springframework.org/schema/context"
xmlns:p="http://www.springframework.org/schema/p"
```

```
xsi:schemaLocation="http://www.springframework.org/sche
ma/beans
http://www.springframework.org/schema/beans/spring-
beans-3.2.xsd
http://www.springframework.org/schema/context
http://www.springframework.org/schema/context/spring-
context-3.2.xsd">
</beans>
```

A continuación añadimos el siguiente código fuente:

```
package dominio;

public interface HolaMundo {
    String getMensaje();
}
```

```
package dominio;

public class HolaMundoMinusculas implements HolaMundo {
    @Override
    public String getMensaje() {
        return "hola mundo";
    }
}

public class HolaMundoMayusculas implements HolaMundo
{
    @Override
    public String getMensaje() {
        return "HOLA MUNDO";
    }
}
```

A continuación agregar la siguiente línea de código al archivo applicationContext.xml:

```
<bean id="HolaMundo"
class="dominio.HolaMundoMinuscula" />
```

A continuación ejecute la clase HolaMundo y observe la impresión:

```
package console;

import org.springframework.context.ApplicationContext;

public class Ejemplo {
        public static void main (String[] args) {
                ApplicationContext ctx= new
ClassPathXmlApplicationContext ("applicationContext.xml");
        HolaMundo holamundo = ctx.getBean ("HolaMundo",
HolaMundo.class);
        System.out.println (holamundo.getMensaje());
        }
}
```

A continuación vamos a modificar la declaración del bean HolaMundo en el archivo spring-context.xml como vemos a continuación, y ejecute el Ejemplo de nuevo.

```
<bean id="holaMundo"
class="dominio.HOlaMundoMayusculas" />
```

El Ejemplo está completamente desacoplado de la implementación HolaMundo. Un ejemplo más real es cuando usamos la misma idea para separar las clases de dominio de las clases que implementa el acceso a la base de datos.

La API Servlet

La API de servlets es improductiva para el desarrollo de aplicaciones web. Los Servlets suelen ser utilizados principalmente en operaciones de nivel más bajo como la serialización de archivos. En la práctica, se suele adoptar el uso de algún framework para facilitar el desarrollo y evitar tareas repetitivas.

Un framework es una infraestructura de código que tiene como objetivo facilitar la construcción de aplicaciones, ahorrando mucho esfuerzo a los desarrolladores. En Java hay una gran cantidad de frameworks web a la disposición: JSF, Struts, SpringMVC, VRaptor, Wicket, entre otros.

Spring framework es una ayuda para el desarrollo de aplicaciones corporativas en Java. Surgió como una alternativa ligera a la compleja plataforma J2EE, y ha logrado una gran popularidad entre los desarrolladores. Provee una serie de funcionalidades, de entre las cuales destacan la inyección de dependencias (DI), gestión de transacciones y soporte a pruebas automatizados. Spring Framework es un software libre, desarrollado por la Spring Source. También puede ser utilizado en aplicaciones desktop.

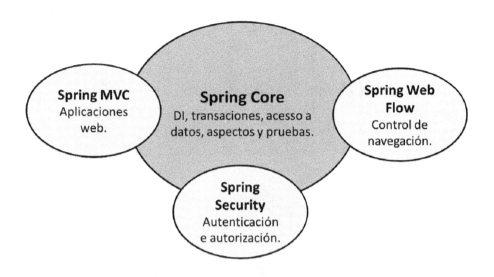

Spring y JSF 2.0

Podemos definir Spring para que sea el responsable de procesar las expresiones EL. En el archivo faces-config.xml, para ello añada el siguiente código fuente:

```
<application>
<el-resolver>
org.springframework.web.jsf.el.SpringBeanFacesELResolver
</el-resolver>
</application>
```

A continuación vamos a añadir el siguiente código fuente en el archivo web.xml:

```
<listener>
<listener-class>
org.springframework.web.context.ContextLoaderListener
```

```
</listener-class>
</listener>
<context-param>
<param-name>contextConfigLocation</param-name>
<param-value>
classpath:applicationContext.xml
</param-value>
</context-param>
```

A continuación vamos a ver el código fuente del archivo holamundo.xhtml:

```
<?xml versión="1.0" encoding="iso-8859-1"?>
<!DOCTYPE html PUBLIC "-//W3C//DTD XHTML 1.0
Transitional//EN""http://www.w3.org/TR/xhtml1/DTD/x
html1-transitional.dtd">
<html xmlns="http://www.w3.org/1999/xhtml"
      Xmlns:f="http://java.sun.com/jsf/core"
      Xmlns:h="http://java.sun.com/jsf/html"

      <h:head>
            <title>Hola Mundo</title>
      </h:head>
      <h:body>
            <h:outputText
value="#{holaMundoMB.mensaje}"/>
      </h:body>
</html>
```

```
<listener>
   <listener-cla
org.springframe
   </listener-cl
</listener>
<context-param>
   <param-name>contextConfigLocation</param-name>
   <param-value>
     classpath:applicationContext.xml
   </param-value>
</context-param>
```

Como **applicationContext.xml** esta junto con las clases, debemos prefijar su local con **classpath** :. Si estuviese en el directorio **WEB - INF** solo tenemose que **/WEB -INF/applicationContext.xml**.

A continuación vamos a ver el código fuente holamundo.xhmtl:

```
<?xml versión="1.0" encoding="iso-8859-1"?>
<!DOCTYPE html PUBLIC "-//W3C//DTD XHTML 1.0
Transitional//EN"
"http://www.w3.org/TR/xhtml1/DTD/xhtml1-
transitional.dtd">
<html xmlns="http://www.w3.org/1999/xhtml"
      Xmlns:f="http://java.sun.com/jsf/core"
      xmlns="http://java.sun.com/jsf/html"

<h:head>
      <title>Hola Mundo</title>
</h:head>
<h:body>
      <h:outputText value="#{holaMundoMB.mensaje}!/>
</h:body>
```

```
package mb;
import java.io.Serializable;
import javax.faces.bean.ManagedBean;
import javax.faces.bean.ManagedProperty;
import javax.faces.bean.RequestScoped;
import dominio.OlaMundo;

@ManagedBean
@RequestScoped
public class OlaMundoMB implements Serializable {
    @ManagedProperty("#{olaMundo}")
    private OlaMundo olaMundo;
    public void setOlaMundo(OlaMundo olaMundo) {
        this.olaMundo = olaMundo;
    }
    public String getMensagem(){
        return olaMundo.getMensagem();
    }
}
```

> **@ManagedProperty** es una anotación JSF utilizada para la inyección de dependencias. Debido a la configuración de integración, el Spring gestionará las inyecciones de las dependencias realizadas con esta anotación. En el ejemplo, se inyecta una instancia del bean configurado con el **id holaMundo** en el archivo **applicationContext.xml**.

El resultado será el siguiente:

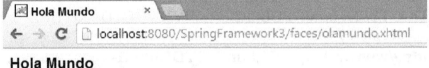

Hola Mundo

Anotaciones para beans de Spring

A continuación vamos a ver un par de anotaciones para beans de Spring, como:

- La anotación @Autowired se utiliza para indicar un recurso que debe ser inyectado.
- La anotación @Component se pueden utilizar para definir los beans.

Para que las anotaciones puedan ser procesadas, las tags que le siguen tienen que ser introducidas en el applicationContext.xml:

<context:annotation-config/>
<context:component-scan base-package="dao,dominio"/>

La tag **annotation-config** indica que el Spring debe procesar las anotaciones.

La tag **component-scan** indica los paquetes en los que Spring buscará las clases anotadas.

```
<context:annotation-config />
<context:component-scan base-package="dao,dominio" />
```

A continuación vamos a ver un ejemplo de una anotación para beans de Spring. Vamos a ver el ejemplo de la clase "Curso":

```
package dominio;

public class Curso {
        private String nombre, director, nivel;
        public Curso (String nombre, String director, String nivel) {
                Super();
                this.nombre = nombre;
                this.iniciales = iniciales;
                this.nivel = nivel;
        }
        public String getNombre() {
                return nombre;
        }
```

```java
public void setNombre(String nombre) {
    this.nombre = nombre;
}
```
… … … …

A continuación vamos a ver el ejemplo de la clase CursoDAO, donde veremos el uso de la base de datos:

```java
package dao;

import java.util.ArrayList;
import java.util.List;
import org.springframework.steretype.Component;
import dominio.Curso;

@Component
public class CursoDAO {
    private List<Curso> cursos = new ArrayList<>();
    public CursoDAO() {
        cursos.add(new Curso("DAI", "FPDAI",
"Tecnico Superior"));
        cursos.add(new Curso("ASI", "FPASI", "Tecnico
Superior"));
        cursos.add(new Curso("RED", "FPRED",
"Tecnico Superior"));
    }
    public List<Curso> getCursos(){
        return cursos;
    }
}
```

A continuación vamos a ver el código fuente de la clase ServicioCurso:

```java
package dominio;

import java.util.List;
import
org.springframework.beans.factory.annotation.Autowired;
import org.springframework.stereotype.Component;
import dao.CursoDAO;

@Component
public class ServicioCurso {
        private CursoDAO dao;
        @Autowired
        public void setDAO (CursoDAO dao) {
                this.dao = dao;
        }
        public List<Curso> getCursos() {
                return dao.getCursos();
        }
}
```

A continuación vamos a ver el código fuente de la clase CursosMT:

```java
package mt;
import java.io.Serializable;

@ManagedBean
@ViewScoped
public class CursosMT implements Serializable {
        @ManagedProperty ("#{servicioCurso}")
        private ServicioCurso servicio;
        public void setServicio (ServicioCurso servicio) {
                this.servicio = servicio;
        }
        public List<Curso> getCursos() {
```

```
        return servicio.getCursos();
    }
}
```

A continuación vamos a ver el código fuente del archivo cursos.xhtml:

```
<h:body>
    <h:dataTable border="1" value="#{cursosMT.cursos}" var="curso">
    <h:column>
        <f:facet name="header">Curso</f:facet>
        #{curso.nombre}
    </h:column>
    <h:column>
        <f:facet name="header">Iniciales</f:facet>
    </h:column>
    <h:column>
        <f:facet name="header">Nivel</f:facet>
    </h:column>
    </h:dataTable>
</h:body>
```

A continuación vamos a ver el resultado:

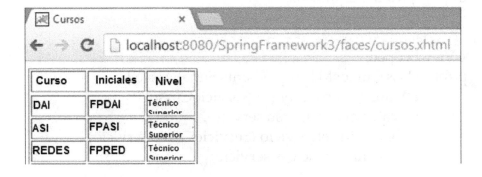

@Component es la anotación más básica para indicar un vean. A parte de esta, Spring nos ofrece otras anotaciones más específicas como son:

- @Service: para beans de la capa de servicio.
- @Repository: para beans de la capa de persistencia.
- @Controller: para beans de la capa de presentación.

Las Bases de Datos en Spring

Spring nos facilita el uso de las bases de datos en las aplicaciones permitiendo la inyección de objetos Datosource, la integración con pools de conexiones y templates para la generación de instrucciones SQL.

A continuación vamos a ver un ejemplo, para ello vamos a añadir la siguiente dependencia en el archivo pom.xml:

```
<dependency>
        <groupId>org.springframework</groupId>
        <artifactId>spring-jdbc</artifacId>
        <versión>3.3.2. RELEASE</versión>
</dependency>
```

Para poder usar las tags de JDBC, debe de actualizar los namespaces del archivo applicationContext.xml de la siguiente manera:

```
<?xml version="1.0" encoding="UTF-8"?>
<beans xmlns="http://www.springframework.org/schema/beans"
       xmlns:xsi="http://www.w3.org/2001/XMLSchema-instance"
       xmlns:context="http://www.springframework.org/schema/context"
       xmlns:p="http://www.springframework.org/schema/p"
       xmlns:jdbc="http://www.springframework.org/schema/jdbc"
       xsi:schemaLocation="http://www.springframework.org/schema/beans
       http://www.springframework.org/schema/beans/spring-beans-3.2.xsd
       http://www.springframework.org/schema/context
       http://www.springframework.org/schema/context/spring-context-3.2.xsd
       http://www.springframework.org/schema/jdbc
       http://www.springframework.org/schema/jdbc/spring-jdbc-3.2.xsd">
```

El dataSource está configurado en el archivo applicationContext.xml. En este ejemplo se ha utilizado la base H2 de forma embebida (Spring se encargará de iniciar la base de datos y ejecutar el script indicado).

El valor del atributo id se ha utilizado como indicador del dataSource. Veamos el siguiente código fuente:

```
<jdbc:embedded-database id="nacionesDataSource"
type="H2">
        <jdbc:script location="classpath:script.sql"/>
</jdbc:embedded-database>
```

La entidad POJO de este ejemplo será la siguiente:

```
package dominio;

import java.io.Serializable;

public class Nacion implements Serizalizable {
        private String nombre;
        private Double renta, pib, pibPerCapita;

        //Contructor, getters y setters
}
```

A continuación vamos a ver el código fuente de la interface para abstraer el mecanismo de persistencia:

```
package dominio;

import java.util.List;

public interface RepositorioNaciones {
        public abstract List<Nacion> getNaciones();
        public abstract void registrar (Nacion nacion);
        public abstract void eliminar (Nacion nacion);
}
```

A continuación vamos a ver el código fuente del paquete DAO basada en JDBC:

```java
package dao;

import java.sql.Connection;
import java.sql.Resultset;
import java.sql.SQLException;
import java.sql.Statement;
import java.util.ArrayList;
import java.util.List;
import java.sql.DataSource;
import org.springframework.beans.factory.annotation.Autowired;
import org.springframework.jdbc.core.JdbcTemplate;
import dominio.Nacion;
import dominio.RepositorioNaciones;

public class NacionesDAOjdbc implements RepositorioNaciones {

        private DataSource dataSource;

        @Autowired
        public void setDataSource (DataSource dataSource) {
              this.dataSource = dataSource;
}
```

```
package dao;

import java.sql.Connection;
import java.sql.ResultSet;
import java.sql.SQLException;
import java.sql.Statement;
import java.util.ArrayList;
import java.util.List;
import javax.sql.DataSource;
import org.springframework.beans.fac
import org.springframework.jdbc.core
import dominio.Nacao;
import dominio.RepositorioNacoes;

public class NacoesDAOJdbc implements RepositorioNacoes {

    private DataSource dataSource;

    @Autowired
    public void setDataSource(DataSource dataSource) {
        this.dataSource = dataSource;
    }
}
```

> El atributo **dataSource** será inyectado por el Spring. Como el archivo **applicationContext.xml** solo define un dataSource **(nacionesDataSource)**, este será automaticamente inyectado por el Spring.

A continuación vamos a ver el código fuente que le sigue al que acabamos ver:

```
@Override
public List<Nacion> getNaciones() {
        String sql = "select * from nacion order by nombre";
        try (Connection connection =
dataSource.getConnection() {
                Statement stm = connection.createStatement();
                ResultSet rs = stm.executeQuery(sql);
                ArrayList<Nacion> naciones = new ArrayList();
                While (rs.next()) {
                        Nacion nacion = new
Nacion(rs.getString("nombre"), rs.getDouble("renta"),
rs.getDouble ("pib"), rs.getDouble("pibPerCapita"));
                        Naciones.add (nacion);
                }
                Rs.close();
                Stm.close();
```

```java
        return naciones;
}

        catch (SQLException ex) {
                Throw new RuntimeException(ex);
        }
}

@Override
public void registrar (Nacion nacion) {
        string sql = "insert into nacion (nombre, renta, pib,
pibPerCapita) " + "values (?,?,?,?)";
        JdbcTemplate template = new JdbcTemplate
(dataSource);
        Template.update (sql, nacion.getNombre(),
nacion.getRenta(), nacion.getPib(), nacion.getPibPerCapita());
}

@Override
public void excluir (Nacion nacion) {
        String sql = "delete from nacion where nombre = ?";
        JdbcTemplate template = new JdbcTemplate
(dataSource);
        Template.update (sql, nacion.getNombre());
}
}
```

> **JdbcTemplate** es un recurso de Spring que diminuye el código necesario para la ejecucióo de comandos SQL.

```java
@Override
public void cadastrar(Nacao nacao){
    String sql = "insert into nacao (nome, idh, pib, pibPerCapita) " +
        "values (?, ?, ?, ?)";
    JdbcTemplate template = new JdbcTemplate(dataSource);
    template.update(sql, nacao.getNome(), nacao.getIdh(), nacao.getPib(),
        nacao.getPibPerCapita());
}

@Override
public void excluir(Nacao nacao){
    String sql = "delete from nacao where nome = ?";
    JdbcTemplate template = new JdbcTemplate(dataSource);
    template.update(sql, nacao.getNome());
}
}
```

A continuación tendrá que declarar NacionesDAOjdbc como un bean del Spring en el archivo applicationContext.xml:

```xml
<bean id="repositorioNaciones"
class="dao.NacionesDAOJdbc"/>
```

A continuación vamos a ver el código fuente del paquete mt:

```java
package mt;

import java.io.Serializable;

@ManagedBean
@SessionScoped
public class NacionesMT implements Serializable {
    @ManagedProperty {"#(repositorioNaciones)"}
    private RepositorioNaciones repositorio;
    private Nacion nacion = new Nacion (null, null, null,
null));
    public Nacion getNacion() {
```

```java
        return nacion;
    }
    public void setNacion (Nacion nacion) {
        this.nacion = nacion;
    }
    public void setRepositorio (RepositorioNaciones repositorio) {
        this.repositorio = repositorio;
    }
    public list<Nacion> getNaciones() {
        return repositorio.getNaciones();
    }
    public String registrar() {
        Repositorio.registrar (nacion);
        return "nacionconeliminacion";
    }
    public void eliminar() {
        Repositorio.eliminar (nacion);
    }
}
```

```
package mb;

import java.io.Serializable;

@ManagedBean
@SessionScoped
public class NacoesMB implements Serializable{
    @ManagedProperty("#{repositorioNacoes}")
    private RepositorioNacoes repositorio;
    private Nacao nacao = new Nacao(null, null, null, null);
    public Nacao getNacao() {
        return nacao;
    }
    public vo
        this.
    }
    public vo
        this.
    }
    public List<Nacao> getNacoes(){
        return repositorio.getNacoes();
    }
    public String cadastrar(){
        repositorio.cadastrar(nacao);
        return "nacoescomexclusao";
    }
    public void excluir(){
        repositorio.excluir(nacao);
    }
}
```

Inyectará el bean con id **repositorioNaciones**, o sea, **NacionesDAOJdbc**

El resultado de este ejemplo sería el siguiente:

localhost:8080/SpringFramework3/faces/nacoescomexclusao.xhtml

Naciones

Nación	Rent	PIB en Millones de $	PIB per Capita	
Alemanha	0,920	3.577.031,00	43.742,00	Eliminar
Argélia	0,713	190.709,00	5.304,00	Eliminar
Brasil	0,718	2.569.471,00	12.789,00	Eliminar
Canadá	0,966	1.736.869,00	50.435,00	Eliminar
Chile	0,819	248.411,00	14.278,00	Eliminar

Registro de Naciones

Nación

Renta

PIB

PIB per Capita

Registrar

Spring con JPA e Hibernate

En este capítulo vamos a ver un ejemplo del uso Spring con JPA e Hibernate. Para ello, cree en la carpeta src, el archivo META-INF/persistence.xml. Como se utilizará el dataSource declarado en applicationContext.xml, no es necesario informar parámetros de acceso a la base de datos. A

A continuación vamos a ver el código fuente de un ejemplo con Hibernate:

```xml
<?xml versión="1.0" encoding="UTF-8"?>
<persistence xmlns="http://java.sun.com/xml/ns/persistence"
version="2.0">
    <persistence-unit name="MasterClassSpring">
    <provider>org.hibernate.ejb.HibernatePersistence</provider>
    <properties>
    <property name="hibernate.dialect"
value="org.hibernate.dialect.H2Dialect"/>
    <property name="hibernate.show_sql" value="true"/>
    <property name="hibernate.format_sql"
value="true"/>
    </properties>
    </persistence-unit>
</persistence>
```

A continuación deberá añadir el namespace del gestor de transacciones en el archivo applicationContext.xml:

```
<?xml version="1.0" encoding="UTF-8"?>
<beans xmlns="http://www.springframework.org/schema/beans"
       xmlns:xsi="http://www.w3.org/2001/XMLSchema-instance"
       xmlns:context="http://www.springframework.org/schema/context"
       xmlns:p="http://www.springframework.org/schema/p"
       xmlns:jdbc="http://www.springframework.org/schema/jdbc"
       xmlns:tx="http://www.springframework.org/schema/tx"
       xsi:schemaLocation="http://www.springframework.org/schema/beans
       http://www.springframework.org/schema/beans/spring-beans-3.2.xsd
       http://www.springframework.org/schema/context
       http://www.springframework.org/schema/context/spring-context-3.2.xsd
       http://www.springframework.org/schema/jdbc
       http://www.springframework.org/schema/jdbc/spring-jdbc-3.2.xsd
       http://www.springframework.org/schema/tx
       http://www.springframework.org/schema/tx/spring-tx-3.0.xsd">
```

En el archivo applicationContext.xml, tendrá que declarar beans para la gestión de EntityManagerFactory y la gestión de transacciones. Para ello incluiremos el siguiente código fuente:

<bean id="entityManagerFactory"
class="org.springframework.orm.jpa.LocalContanierEntityMa
nagerFactoryBean">
        <property name="persistenceUnitName"
value="MasterClassSpring"/>
        <property name="dataSource"
ref="nacionesDataSource" />
</bean>
<bean id="transactionManager"
class="org.springframework.orm.jpa.JpaTransactionManager"
>
        <property name="entityManagerFactory"
ref="entityManagerFactory"/>
</bean>
<tx:annotation-driven transaction-
manager="transactoinManager"/>

```
<bean id="entityManagerFactory"
    class="org.springframework.orm.jpa.LocalContainerEntityManagerFactoryBean">
    <property name="persistenceUnitName" value="AulaSpring" />
    <property name="dataSource" ref="nacoesDataSource"/>
</bean>
<bean id="transactionManager"
    class="org.springframework.orm.jpa.JpaTransactionManager">
    <property name="entityManagerFactory" ref="entityManagerFactory" />
</bean>
<tx:annotation-driven transaction-manager="transactionManager" />
```

En la entidad Nación, añada las anotaciones JPA y un constructor estándar.

```
@Entity
public class Nacion implements Serializable {
    @Id
    private String nombre;
    private Double renta, pib, pbiPerCapita;

    public Nacion() {}
```

A continuación vamos a ver como se usará DAO basado en JPA:

```
package dao;

import java.util.List;

import javax.persistence.EntityManager;
```

```java
import javax.persistence.PersistenceContext;

import javax.persistence.Query;

import
org.springframework.transaction.annotation.Transactional;
import dominio.Nacion;
import dominio.RepositorioNaciones;

@Transactional
public class NacionesDAOJPA implements
RepositorioNaciones {

        private EntityManager entityManager,

        @PersistenceContext
        public void setEntityManager (EntityManager
entityManager) {
                this.entityManager = entityManager;
        }
}
```

```
                                    ntityM
                                    ersist
                                    Query;
              ....ork.transaction.annotation.Transactional;
import dominio.Nacao;
import dominio.RepositorioNacoes;

@Transactional
public class NacoesDAOJPA implements RepositorioNacoes {

    private EntityManager entityManager;

    @PersistenceContext
    public void setEntityManager(EntityManager entityManager) {
        this.entityManager = entityManager;
    }
}
```

Esta anotación indica que todos los métodos de la clase estarán contenidos en una transacción. Esta marcación en nivel de clase evita que tengamos que anotar los métodos individualmente.

Para inyectar los EntityManager, debemos utilizar la anotación **@PersistenceContext** al revés de **@Autowired**.

Vamos a seguir viendo el código fuente del paquete DAO basado en JPA.

```
@Override
@Transactional (readOnly = true)
public List<Nacion> getNacion() {
        String jpal = "select n from Nacion n order by
n.nombre";
        Query query = entityManager.createQuery (jpal);
        return query.getResultList();
}

@Override
public void registrar (Nacion nacion) {
        entityManager.persist (nacion);
}

@Override
public void eliminar (Nacion nacion) {
```

entityManager.remove (entityManager.merge(nacion));
```
}
}
```

> Como la transación de este método tiene un comportamiento diferente (solamente lectura) del definido en el nivel de clase, este fue anotado con su configuración específica. Note que como los otros métodos no están anotados con **@Transactional**, esto heredean la configuración de transación definida para la clase.

```java
@Override
@Transactional(readOnly=true)
public List<Nacao> getNacoes(){
    String jpaql = "select n from Nacao n order by n.nome";
    Query query = entityManager.createQuery(jpaql);
    return query.getResultList();
}

@Override
public void cadastrar(Nacao nacao){
    entityManager.persist(nacao);
}

@Override
public void excluir(Nacao nacao){
    entityManager.remove( entityManager.merge(nacao) );
}
}
```

Ahora ya podrá acceder a las páginas nacionconeliminacion.xhtml y registronacion.xhtml y observar el mismo comportamiento.

Primer Ejemplo del uso de Spring Framework

Nuestro primer ejemplo en el uso de Spring Framework es la mundialmente famosa aplicación "Hola Mundo". Para ello usaremos la siguiente estructura y código fuente.

Estructura:

- **Controlador**: HolaMundoController
- **Vista**: holamundo.jsp

Código Fuente:

```
package controle;

import org.springframework.stereotype.Controller;
import org.springframework.ui.Model;
import org.springframework.web.bind.annotation.RequestMapping;

@Controller
public class HolaMundoController {
@RequestMapping(value="/Holamundo")
public String Holamundo(Model model) {
        model.addAttribute("msg","Hola Mundo");
        return "Holamundo";
        }
}
```

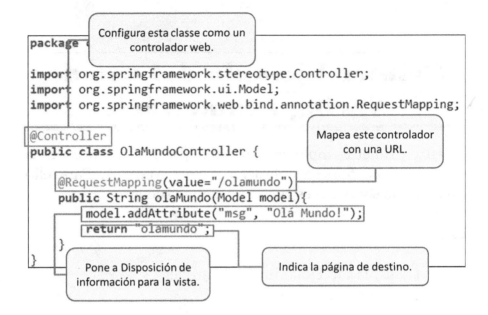

El resultado de este código sería la siguiente imagen:

Primer Ejercicio

En este ejercicio crearemos un controlador que obtendrá la fecha del sistema, en el formato estándar dd/MM/yyyy (para ello usaremos la clase SimpleDateFormat) y direcciona el flujo de la aplicación hacia una página que muestra la fecha formateada.

Configuración de una aplicación Spring MVC

Para ello llevaremos a cabo las siguientes acciones:

- Añadir las dependencias en la carpeta WEB-INF/lib y en el classpath de la aplicación.
- Declarar y configurar el dispatcherServlet en el archivo web.xml.
- Crear y ajustar el archivo de configuración del Spring (en este ejemplo se trata de applicationContext.xml)

web.xml

```
<servlet>
        <servlet-name>dispatcherServlet</server-name>
        <servlet-class>
        Org.springframework.web.servlet.DispatcherServlet
        </servlet-class>
        <init-program>
                <param-name>contextConfigLocation</param-name>
                <param-value>classpath:applicationContext.xml</param-value>
        </init-param>
        <load-on-startup>1</load-on-startup>
</servlet>
<servlet-mapping>
    <server-name>dispatcherServlet</servlet-name>
    <url-pattern>/</url-pattern>
</servlet-mapping>
```

```
<servlet>
    <servlet-name>dispatcherServlet</servlet-name>
    <servlet-class>
    org.springframework.web.servlet.DispatcherServlet
    </servlet-class>
```

> **dispatcherServlet** es el responsable de capturar las peticiones y encaminar el flujo hacia los respectivos controladores. En el ejemplo, todas las URLs serán tratadas por **dispatcherServlet**, pero es posible definir solo un subconjunto de URLs.

```
</ser
<servlet-mapping>
    <servlet-name>dispatcherServlet</servlet-name>
    <url-pattern>/</url-pattern>
</servlet-mapping>
```

```
<servlet>
    <servlet-name>dispatcherServlet</servlet-name>
    <servlet-class>
    org.springframework.web.servlet.DispatcherServlet
    </servlet-class>
    <init-param>
        <param-name>contextConfigLocation</param-name>
        <param-value>classpath:applicationContext.xml</param-value>
    </init-param>
    <load-on-startup>1</load-on-startup>
```

> Informa el nombre y localización del archivo de configuración del Spring. En este ejemplo, el archivo se encuentra en el classpath, es decir, junto con las clases Java, de ahí el prefijo **classpath:**. Es posible usar los directorios de las páginas web, por exemplo: **/WEB-INF/applicationContext.xml**. En este caso el parámetro no será informado, Spring buscará por el archivo **WEB-INF/[nombre del dispatcherServlet]-servlet.xml**.

applicationContext.xml (parte 1)

```
<?xml version="1.0" encoding="UTF-8"?>
<beans
xmlns="http://www.springframework.org/schema/beans"
xmlns:xsi="http://www.w3.org/2001/XMLSchema-instance"
xmlns:context="http://www.springframework.org/schema/context"
xmlns:mvc="http://www.springframework.org/schema/mvc"
```

xsi:schemaLocation="http://www.springframework.org/schema/beans

http://www.springframework.org/schema/beans/spring-beans-3.2.xsd

http://www.springframework.org/schema/context

http://www.springframework.org/schema/context/spring-context-3.2.xsd

http://www.springframework.org/schema/mvc

http://www.springframework.org/schema/mvc/spring-mvc.3.2.xsd">

<! – Le dice al Spring en que paquetes tiene que buscar las clases anotadas -->
<context:component-scan base-package="controle";

<! – Configura el Spring MVC para considerer las anotaciones @Controller -->
<mvc:annotation-driven/>

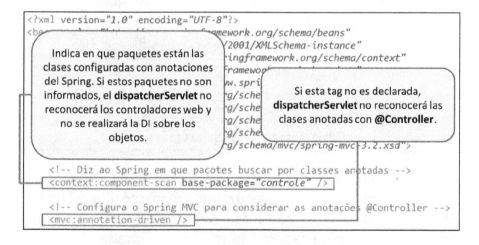

applicationContext.xml (parte 2)

<! – Configura la localización y los nombres de las páginas web por defecto -- >

```
<bean
class="org.springframework.web.servlet.view.InternalResour
ceViewResolver>
        <property name="prefix" value="/WEB-INF/views/"
/>
        <property name="suffix" value=".jsp" />
</bean>

<! - Configura el Spring Core para considerer las anotaciones
de DI -- >
<context:annotation-config />
</beans>
```

```
<!-- Configura localização e padrão de nomes das páginas web -->
<bean class="org.springframework.web.servlet.view.InternalResourceViewResolver">
    <property name="prefix" value="/WEB-INF/views/" />
    <property name="suffix" value=".jsp" />
</bean>

<!-- Configura o Spring Core para considerar as anotações de DI -->
<conte
</beans>
```

Indica el prefijo y el sufijo que se va añadiendo al nombre de las views utilizada en los controladores web. En el ejemplo anterior, la string **holamundo** es retornada por el método **HolaMundoController** que hará referencia a la página **WEB-INF/views/olamundo.jsp**.

Segundo Ejemplo

En este ejemplo reproduciremos un juego sencillo, el par o impar, con ello podremos comprobar el uso de @RequestParam para recibir parámetros de entrada.
También muestra otra manera de pasar datos hacia la vista.

```
<form action="paroimpar" method="post">
        <input type="radio" name="valor" value="0">0<br>
```

```html
        <input type="radio" name="valor" value="1">1<br>
        <input type="radio" name="valor" value="2">2<br>
        <input type="radio" name="valor" value="3">3<br>
        <input type="radio" name="valor" value="4">4<br>
        <input type="radio" name="valor" value="5">5<br>
        <input type="radio" name="valor"
value="0">0<br><hr>
        <input type="radio" name="valor"
value="par">Par<br>
        <input type="radio" name="valor"
value="impar">Impar<br>
        <input type="submit" value="Ok">
</form>
<c:if test="${not empty mensaje}>"
        <h3>${mensaje}</h3>
        Valor del Cliente: ${param.valor}<br>
        Valor del Servidor: ${valorServidor}<br>
</c:if>
```

```java
@Controller
public class ParOImparController {
        @RequestMapping(value="paroimpar",
method=RequestMethod.GET)
        public String paroimpar(){
                return "paroimpar";
        }
        @RequestMapping(value="paroimpar",
method.RequestMethod.POST)
        public ModelAndView
jugar(@RequestParam("opcion") String opcion,
                @RequestParam("valor") int valor) {
                Random rand = new Random();
                Int valorServidor = rand.nextInt(6);
                Int suma = valorServidor + valor;
```

ModelAndView model = new
ModelandView("parimpar");

If (opcion.equals("par") && suma %2 == 0 ||

Opcion.equals("impar") && suma %2 !=
0)

model.addObject ("mensaje", "Cliente
Ganó!!!!");

Else

model.addObject ("mensaje", "Cliente
Perdió!!!!");

model.addObject ("valorServidor",
valorServidor);

return model;

}

}

```
@Controller
public class ParOuImparController {
    @RequestMapping(value="parouimpar", method=RequestMethod.GET)
    public String parOuImpar(){
        return "parouimpar";
    }
    @RequestMapping(value="parouimpar", method=RequestMethod.POST)
    public ModelAndView jogar(@RequestParam("opcao")String opcao,
            @RequestParam("valor") int valor){
        Random rand = new Random();
        int valorServidor = rand.nextInt(6);
        int soma = valorServidor + valor;
        ModelAndView model = new ModelAndView("parouimpar");
        if(op
            n
        else
            n
        mode
        return model;
    }
}
```

> Note que los dos métodos de la clase están mapeados hacia la misma URL, pero están utilizando métodos HTTP distintos. El método **parOImpar** se debe utilizar para el primer acceso a la página **paroimpar.jsp**. El método jugar se utiliza al pulsar el botón submit del formulario.

> La anotación **@RequestParam** se utiliza para mapear un parámetro HTTP con un parámetro del método Java. Repare en que el framework es el responsable de realizar las conversiones de tipo necesarias.

```java
                             ", method=RequestMethod.GET)

    @RequestMapping(value="parouimpar", method=RequestMethod.POST)
    public ModelAndView jogar(@RequestParam("opcao")String opcao,
            @RequestParam("valor") int valor){
        Random rand = new Random();
        int valorServidor = rand.nextInt(6);
        int soma = valorServidor + valor;
        ModelAndView model = new ModelAndView("parouimpar");
        if(opcao.equals("par") && soma % 2 == 0 ||
                opcao.equals("impar") && soma % 2 != 0)
            model.addObject("mensagem", "Cliente ganhou!");
        else
            model.addObject("mensagem", "Cliente perdeu.");
        model.addObject("valorServidor", valorServidor);

        return model;
    }
}
```

> Note que no ha sido necesario declarar un parámetro **Model**. Para realizar el pase de datos hacia la vista e indicar la página de destino se usa una instancia de **ModelAndView**.

```java
                             ", method=RequestMethod.GET)

    @RequestMapping(value="parouimpar", method=RequestMethod.POST)
    public ModelAndView jogar(@RequestParam("opcao")String opcao,
            @RequestParam("valor") int valor){
        Random rand = new Random();
        int valorServidor = rand.nextInt(6);
        int soma = valorServidor + valor;
        ModelAndView model = new ModelAndView("parouimpar");
        if(opcao.equals("par") && soma % 2 == 0 ||
                opcao.equals("impar") && soma % 2 != 0)
            model.addObject("mensagem", "Cliente ganhou!");
        else
            model.addObject("mensagem", "Cliente perdeu.");
        model.addObject("valorServidor", valorServidor);

        return model;
    }
}
```

El resultado de este código es el siguiente:

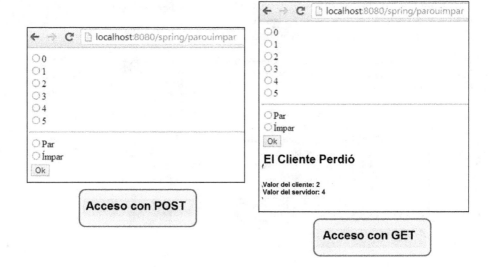

Formularios y POJOs

Con Spring también es posible utilizar un POJO (Plain Old Java Object) para capturar los valores de los campos de un formulario. Para ello, solamente tenemos que declarar el POJO como parámetro del método en el controlador web. Spring MVC rellenará los atributos del POJO en base al atributo name de los campos presentes en el formulario.

A continuación vamos a ver un ejemplo.

Tercer Ejemplo

paroimpar2.jsp

```
<body>
    <form action="paroimpar2" method="post">
    <input type="radio" name="valor" value="0">0<br>
    <input type="radio" name="valor" value="1">1<br>
    <input type="radio" name="valor" value="2">2<br>
    <input type="radio" name="valor" value="3">3<br>
    <input type="radio" name="valor" value="4">4<br>
    <input type="radio" name="valor"
value="5">5<br><br>
    <input type="radio" name="valor"
value="par">Par<br>
    <input type="radio" name="valor"
value="impar">Impar<br>
    <input type="submit" value="Ok">
```

```
            </form>
<c:if test="${not empty mensaje}">
        <h3>$ {mensaje}</h3>
        Valor del Cliente: $ {param.valor}<br>
        Valor del Servidor: $ {valorServidor}<br>
</c:if>
</body>
```

> Única diferencia entre esta
> página y **paroimpar.jsp**.

```
<body>
    <form action="parouimpar2" method="post">
        <input type="radio" name="valor" value="0">0<br>
        <input type="radio" name="valor" value="1">1<br>
        <input type="radio" name="valor" value="2">2<br>
        <input type="radio" name="valor" value="3">3<br>
        <input type="radio" name="valor" value="4">4<br>
        <input type="radio" name="valor" value="5">5<br><hr>
        <input type="radio" name="opcao" value="par">Par<br>
        <input type="radio" name="opcao" value="impar">Ímpar<br>
        <input type="submit" value="Ok">
    </form>
    <c:if test="${not empty mensagem}">
        <h3>${mensagem}</h3>
        Valor do cliente: ${param.valor}<br>
        Valor do servidor: ${valorServidor}<br>
    </c:if>
</body>
```

```
public class Jugada {
        private int valor;
        private String opción;
        public int getValor() {
                return valor;
        }
        public void setValor(int valor) {
                this.valor = valor;
        }
        public String getOpcion() {
```

```
            return opcion;
        }
        public void setOpcion(String opción) {
            this.opcion = opcion;
            }
}
```

Note que los atributos están identificados con los mismos nombres de los campos presentes em el formulario.

```
public class Jogada {
    private int valor;
    private String opcao;
    public int getValor() {
        return valor;
    }
    public void setValor(int valor) {
        this.valor = valor;
    }
    public String getOpcao() {
        return opcao;
    }
    public void setOpcao(String opcao) {
        this.opcao = opcao;
    }
}
```

```
@Controller
public class ParOImparController2 {
        @RequestMapping(value="paroimpar2",
method=RequestMethod.GET)
        public String paroimpar2(){
                return "paroimpar2";
        }
        @RequestMapping(value="paroimpar2",
method.RequestMethod.POST)
        public ModelAndView jugar (Jugada jugada) {
```

```
        Random rand = new Random();
        Int valorServidor = rand.nextInt(6);
        Int suma = valorServidor + jugada.getValor();
        ModelAndView model = new
ModelandView("parimpar2");
        If (jugada.getOpicion().equals("par") && suma
%2 == 0 ||
                Jugada.getOpcion().equals("impar") &&
suma %2 != 0)
                model.addObject ("mensaje", "Cliente
Ganó!!!!");
        Else
                model.addObject ("mensaje", "Cliente
Perdió!!!!");
                model.addObject ("valorServidor",
valorServidor);
                return model;
        }
}
```

```java
@Controller
public class ParOuImparController2 {
    @RequestMapping(value="parouimpar2", m
    public String parOuImpar(){
        return "parouimpar2";
    }
    @RequestMapping(value="parouimpar2", method=RequestMethod.POST)
    public ModelAndView jogar(Jogada jogada){
        Random rand = new Random();
        int valorServidor = rand.nextInt(6);
        int soma = valorServidor + jogada.getValor();
        ModelAndView model = new ModelAndView("parouimpar2");
        if(jogada.getOpcao().equals("par") && soma % 2 == 0 ||
                jogada.getOpcao().equals("impar") && soma % 2 != 0)
            model.addObject("mensagem", "Cliente ganhou!");
        else
            model.addObject("mensagem", "Cliente perdeu.");
        model.addObject("valorServidor", valorServidor);

        return model;
    }
}
```

> POJO como parámetro del método. Sus atributos son rellenados automaticamente por el Spring MVC.

Validación de Campos

La API Bean Validation (JSR 303) evita la validación programada. Las reglas de validación se configuran a través de anotaciones. Spring MVC se integra a la Bean Validation a través de la anotación **@Valid** y de la taglib **form**.

Cuarto Ejemplo

A continuación vamos ver un ejemplo de validación:

```
import javax.validation.constraints.Max;
import javax.validation.constraints.Min;
import javax.validation.constraints.NotNull;

public class Jugada {
        @NotNull (mensaje="Informe el Valor") @Min(0) @Max(5)
        private Integer valor;

        @NotNull (mensaje="Informe la Opción (par o impar)")
        private String opción;

@Controller
public class ParoImparController2 {
        @ResquestMapping (value="paroimpar2", method = RequestMethod.GET)
        public String parOImpar() {
                return "paroimpar2";
```

```
        }
@RequestMapping (value="paroimpar2", method =
RequestMethod.POST)
public ModelAndView jugar (@Valid Jugada jugada,
BindingResult result) {
        If (result.hasErrors()) {
                return model;
        }
        Random rand = new Random();
        Int valorServidor = rand.nextInt(6);
        Int suma = valorServidor + jugada.getValor();
        If (jugada.getOpcion().equals("par") && suma %2 == 0
|| jugada.getOpcion().equals("impar") && suma %2 ¡=0)
model.addObject("valorServidor", valorServidor);


        return model,
}
}
```

```
@Controller
public class ParOuImparController2 {
    @RequestMapping(value="parouimpar2", method
    public String parOuImpar(){
        return "parouimpar2";
    }
    @RequestMapping(value="parouimpar2", method=RequestMethod.POST)
    public ModelAndView jogar(@Valid Jogada jogada, BindingResult result){
        ModelAndView model = new ModelAndView("parouimpar2");
        if(result.hasErrors()){
            return model;
        }
        Random rand = new Random();
        int valorServidor = rand.nextInt(6);
        int soma = valorServidor + jogada.getValor();
        if(jogada.getOpcao().equals("par") && soma % 2 == 0 ||
                jogada.getOpcao().equals("impar") && soma % 2 != 0)
            model.addObject("mensagem", "Cliente ganhou!");
        else
            model.addObject("mensagem", "Cliente perdeu.");
        model.addObject("valorServidor", valorServidor);

        return model;
    }
}
```

La anotación **@Valid** indica que el Spring debe validar los atributos de **Jugada**.

```
@Controller
public class ParOuImparController2 {
    @RequestMapping(value="parouimpar2", method=RequestMethod.GET)
    public String parOuImpar(){
        return "parouimpar2";
    }
    @RequestMapping(value="parouimpar2", method=RequestMethod.POST)
    public ModelAndView jogar(@Valid Jogada jogada, BindingResult result){
        ModelAndView model = new ModelAndView("parouimpar2");
        if(result.hasErrors()){
            return model;
        }
        Random rand = new Random();
        int valorServidor = rand.nextInt(6
        int soma = valorServidor + jogada.
        if(jogada.getOpcao().equals("par")
                jogada.getOpcao().equals("
            model.addObject("mensagem", "
        else
            model.addObject("mensagem", "
        model.addObject("valorServidor", va

        return model;
    }
}
```

El objeto **result** almacena informaciones de validación. En el ejemplo, este se utiliza para verificar si suceden errores de validación en los campos.

Paroimpar2.jsp

```
<%@ taglib
url="http://www.springframework.org/tags/form"
prefix="form" %>
<html>
<head><title>Par o Impar</title></head>
<body>
        <form action="paroimpar2" method="post">
        <input type="radio" name="valor" value="0">0<br>
        <input type="radio" name="valor" value="1">1<br>
        <input type="radio" name="valor" value="2">2<br>
        <input type="radio" name="valor" value="3">3<br>
        <input type="radio" name="valor" value="4">4<br>
        <input type="radio" name="valor"
value="5">5<br><br>
```

```
        <input type="radio" name="valor"
value="par">Par<br>
        <input type="radio" name="valor"
value="impar">Impar<br>
        <input type="submit" value="Ok">
        </form>
<c:if test="${not empty mensaje}">
        <h3>$ {mensaje}</h3>
        Valor del Cliente: $ {param.valor}<br>
        Valor del Servidor: $ {valorServidor}<br>
</c:if>
</body>
```

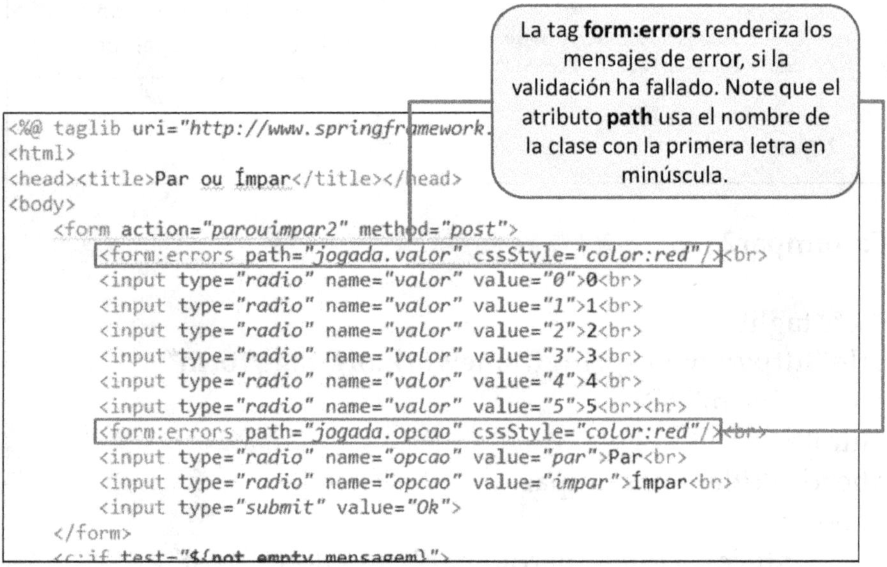

```
<%@ taglib uri="http://www.springframework.
<html>
<head><title>Par ou Ímpar</title></head>
<body>
    <form action="parouimpar2" method="post">
        <form:errors path="jogada.valor" cssStyle="color:red"/><br>
        <input type="radio" name="valor" value="0">0<br>
        <input type="radio" name="valor" value="1">1<br>
        <input type="radio" name="valor" value="2">2<br>
        <input type="radio" name="valor" value="3">3<br>
        <input type="radio" name="valor" value="4">4<br>
        <input type="radio" name="valor" value="5">5<br><hr>
        <form:errors path="jogada.opcao" cssStyle="color:red"/><br>
        <input type="radio" name="opcao" value="par">Par<br>
        <input type="radio" name="opcao" value="impar">Ímpar<br>
        <input type="submit" value="Ok">
    </form>
    <c:if test="${not empty mensagem}">
```

La tag **form:errors** renderiza los mensajes de error, si la validación ha fallado. Note que el atributo **path** usa el nombre de la clase con la primera letra en minúscula.

A continuación vamos a ver el resultado de este ejercicio.

Informe el valor

- ○ 0
- ○ 1
- ○ 2
- ○ 3
- ○ 4
- ○ 5

Informe la opción (par o impar)

- ○ Par
- ○ Ímpar

[Ok]

CRUD en memoria

CRUD es el acrónimo del término CREATE, READ, UPDATE y DELETE. Los casos de uso CRUD son comunes en sistemas que soportan bases de datos. De momento vamos a ver cómo podemos persistir los datos en la memoria RAM. Para ello, utilizaremos una arquitectura que hará fácil modificar la aplicación para realizar la persistencia en la base de datos.

Los paquetes de Java que usaremos en nuestra aplicación Web serán:

- controle: controladores web. No debe interactuar con el paquete dao.
- dao: persistencia de datos. No debe interactuar con el paquete control.
- dominio: lógica de negocio de la aplicación. No debe interactuar con los paquetes control y dao.
- Clases de entidad: POJOs que representan los datos de la aplicación. Encapsulan las reglas de negocio. En general, cada instancia de entidad está asociada a un registro de la base de datos.
- Clases de servicio: punto de acceso de los controladores web a las operaciones de sistema. También pueden contener reglas de negocio, principalmente aquellas asociadas a las operaciones CRUD.
- Interfaces de repositorio: son utilizadas por las clases de servicio para realizar las operaciones de persistencia. Son implementadas por las clases DAO. Aíslan las clases de dominio del paquete DAO.

A continuación vamos a ver el código fuente de nuestro POJO:

```java
package dominio;

import java.util.Date;

import javax.validation.constraints.NotNull;
import javax.validation.constraints.Past;
import javax.validation.constraints.Size;

public class Cliente {
        private Integer codigo;
        @NotNull @Size(min=3)
        private String nombre;
        private String dni;
        @Past
        private Date fechaNacimiento;

        public Cliente() {
        public Cliente (Integer codigo, String nombre, String
dni, Date fechaNacimiento) {
        this.codigo = código;
        this.nombre = nombre;
        this.dni = dni;
        this.fechaNacimiento = fechaNacimiento;
        }
}
```

Las demás clases clases e interfaces del proyecto son:

- controle.ClienteController: controlador web.
- dominio.ClienteService: dispone los métodos CRUD al controlador web.
- dominio.ClienteRepositorio: interface utilizada por ClienteService para realizar las operaciones de persistencia.

- dao.ClienteDAOMemoria: simula el acceso a la base de datos guardando los datos en la memoria RAM.

Páginas:

- clientes.jsp: listado de clientes registrados y operaciones de crear, editar y excluir.
- edicion_cliente.jsp: creación y edición de clientes.

El resultado que veremos será el siguiente:

Código fuente de la página **clientes.jsp**:

```
<table border="1">
      <tr>
      <th>NOMBRE</th>
      <th>DNI</th>
      <th>Fecha de Nacimiento</th>
      </tr>
      <c:forEach var="cliente" ítems="${clientes}">
      <tr>
      <td>${cliente.nombre}</td>
```

```
            <td>${cliente.dni}</td>
            <td>
                <fmt:formatDate
value="${cliente.fechaNacimiento}"
                    Type="date" pattern="dd/MM/yyyy"/>
            </td>
            <td>
            <a
href="${root}/editar?codigo=${cliente.codigo}">EDITAR</a>
<a
href="${root}/excluir?codigo=${cliente.codigo}">EXCLUIR</
a>
            </td>
        </tr>
        </c:forEach>
</table>
```

```
<table border="1">
    <tr>
        <th>Nome</th>
        <th>CPF</th>
        <th>Data de nascimento</th>
        <th></th>
    </tr>
    <c:forEach var="cliente" items="${clientes}">
        <tr>
            <td>${cliente.nome}</td>
            <td>${cliente.cpf}</td>
            <td>
                <fmt:formatDate value="${cliente.dataNascimento}"
                    type="date" pattern="dd/MM/yyyy"/>
            </td>
            <td>
                <a href="${root}/editar?codigo=${cliente.codigo}">EDITAR</a>
                <a href="${root}/excluir?codigo=${cliente.codigo}">EXCLUIR</a>
            </td>
        </tr>
    </c:forEach>
</table>
```

Lista de clientes disponible por **ClienteController.**

A continuación vamos a ver el código fuente de la clase ClienteController:

```
@Controller
public class ClienteController {

        @Autowired
        private ClienteService service;

        @RequestMapping(value="clientes")
        public String clientes(Model model) {
                List<Cliente> cliente = service.getTodos();
                model.addAttribute("clientes", clientes);

                return "clientes";
        }
```

```
@Controller
public class ClienteContr
```

> Note que el relleno del atributo **service** no está presente en el código de **ClienteController**. La anotación **@Autowired** informa que el Spring será el responsabl de instanciar **ClienteService** y de rellenar (inyectar) este atributo.

```
    @Autowired
    private ClienteService service;

    @RequestMapping(value="clientes")
    public String clientes(Model model){
        List<Cliente> clientes = service.getTodos();
        model.addAttribute("clientes", clientes);

        return "clientes";
    }
}
@RequestMann
```

> Utilización de **service** para obtener la lista de clientes. Recuerde que los controladores web deben interactuar con las clases de servicio para la manipulación de los datos persistentes.

A continuación vamos a ver el código fuente de la clase ClienteService:

```java
@Component
public class ClienteService {

        @Autowired
        private ClienteRepositorio repositorio;

                public List<Cliente> getTodos() {
                        return repositorio.getTodos();
                }
}
```

Una vez más la anotación **@Autowired** seutiliza para indicar la inyección del atributo. Como **ClienteRepositorio** es una interface, Spring inyectará una instancia de clase concreta que implemente **ClienteRepositorio**.

```java
@Component
public class ClienteService {

        @Autowired
        private ClienteRepositorio repositorio;

        public List<Cliente> getTodos(){
                return repositorio.getTodos();
        }
}
```

La anotación **@Component** indica que esta clase será gestionada por el Spring. Esto permite la injección de sus instancias en atributos del tipo **ClienteService** anotados con **@Autowired**. Por defecto, creará solamente una instancia de **ClienteService**.

Se utiliza el **repositorio** para obtener la lista de clientes. Recuerde que los objetos de dominio no deben depender de objetos de los paquetes **dao** y **controle**.

A continuación vamos a ver el código fuente la clase que gestionará el listado, la clase ClienteDAOMemoria:

```java
public class ClienteDAOMemoria implements
ClienteRepositorio {
```

```java
        private static int contado = 1;
        private ArrayList<Cliente> clientes = new
ArrayList<>();

        public ClienteDAOMemoria() {
                SimpleDateFormat fmt = new
SimpleDateFormat ("dd/MM/yyyy");
                try {
                Cliente c = new Cliente(null, "Ana Paula",
"123456", fmt.parse("10/11/1993"));
                Insertar(c);
                C = new Cliente(null, "Paulo Silva", "456789",
fmt.parse("20/04/1992"));
                Insertar(c);
        } catch (ParseException e) {
                Throw new RuntimeException(e);
        }
}

public List<Cliente> getTodos() {
        return new ArrayList<>( clientes );
}
```

```java
public class ClienteDAOMemoria implements ClienteRepositorio {

    private static int contador = 1;
    private ArrayList<Cliente> clientes = new ArrayList<>();

    public ClienteDAOMemoria() {
        SimpleDateFormat fmt = new SimpleDateFormat("dd/MM/yyyy");
        try {
            Cliente c = new Cliente(null, "Ana Paula", "123456", fmt.parse("10/11/1993"));
            inserir(c);
            c = new Cliente(null, "Paulo Silva", "456789", fmt.parse("20/04/1992"));
            inserir(c);
        } catch (ParseException e) {
            throw new RuntimeException(e);
        }
    }

    public List<Cliente> getTodos() {
        return new ArrayList<>( clientes );
    }
}
```

La declaración de ClienteDAOMemoria en el applicationContext.xml:

<bean id="clienteRepositorio"
class"dao.ClienteDAOMemoria" />

Así, los atributos del tipo ClienteRepositorio anotados con @Autowired (como en ClienteService) serán inyectados con una instancia de ClienteDAOMemoria.

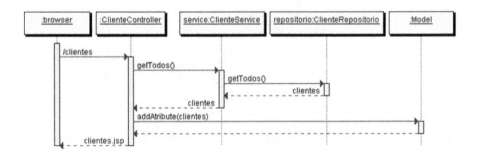

A continuación vamos a ver el código fuente del fichero clientes.jsp:

```
<p> ${mensaje}</p>
<c:url var="root" value="/cliente"/>
<a
href="${root}/excluir?codigo=${cliente.codigo}">EXCLUIR</a>
```

Muestra el mensaje generado por el **ClienteController**.

Obtiene y guarda la dirección absoluta de la URL **/cliente** em la variable **root**.

```
<p>${mensagem}</p>
<c:url var="root" value="/cliente"/>
<a href="${root}/excluir?codigo=${cliente.codigo}">EXCLUIR</a>
```

Utiliza el código del cliente para definir el valor del parámetro **codigo** y la variable **root** para obtener la dirección absoluta de la URL **/cliente/excluir**. Ejemplo: el link de exclusión del cliente de código igual 1 usará la URL **/cliente/excluir?codigo=1**.

A continuación vamos a ver el código fuente de ClienteController:

```
@RequestMapping="cliente/excluir")
public String excluir(@RequestParam("código") Integer
codigo, Model model) {
        try{
                service.excluir(codigo);
                model.addAttribute("mensaje", "Cliente
eliminado con éxito.")
        } catch (Exception ex) {
                ex.printStackTrace();
```

model.addAttribute ("mensaje", "Se ha producido un error." + "durante el intento de eliminación.");
      }

return "forward: /clientes";
}

```java
@RequestMapping(value="cliente/excluir")
public String excluir(@RequestParam("codigo") Integer codigo,
        Model model){
    try{
        service.excluir(codigo);
        model.addAttribute("mensagem", "Cliente excluído com sucesso.")
    }catch(Exception ex){
        ex.printStackTrace();
        model.addAttribute("mensagem", "Ocorreu um erro "
              + "durante a tentativa de exclusão.");
    }

    return "forward:/clientes";
}
```

> Como queremos devolver el listado de clientes después de la eliminación, podemos volver a aprovechar el método **clientes** devolviendo la URL asociada al método (**/clientes**) precedida de **forward:**.

La página para dar de altas a los nuevos clientes se verá así (clientes.jsp):

http://localhost:8080/spring/clientes

Clientes

CLIENTE NUEVO

Donde el código fuente de nuestro botón para añadir un cliente será el siguiente:

```
<c:url var="root" value="/cliente"/>
<form action="${root}/nuevo" method="get">
        <input type="submit" value="CLIENTE NUEVO">
</form>
```

El código fuente de ClienteController será:

```
@RequestMapping (value="cliente/nuevo")
public String nuevoCliente (Model model) {
        model.addAttribute ("cliente", new Cliente());
        model.addAttribute ("titulo", "Cliente Nuevo");

        return "cliente_edicion";

}
```

```
@RequestMapping(value="cliente/novo")
public String novoCliente(Model model){
    model.addAttribute("cliente", new Cliente());
    model.addAttribute("titulo", "Novo Cliente");

    return "cliente_edicao";
}
```

Como la página de destino (**cliente_edicion.jsp**) es utilizada por las operaciones de inserción y edición, su título se define en tiempo de ejecución por el controlador.

POJO cuyos atributos estarán asociados al formulario de registro. Por si se tratar de la operación de inclusión, se utiliza el construtor sin parámetros para que los campos (atributos) sean inicializados vacíos.

A continuación vamos a ver el código fuente del fichero cliente_edicion.jsp:

```
⇦ ⇨ ■ ⌖  http://localhost:8080/spring/cliente/novo
```

CLIENTE NUEVO

NOMBRE [_____]

D.N.I [_____]

FECHA NACIMIENTO [_____]

[GUARDAR]

```
<h2>${titulo}</h2>
<c:url var="actionUrl" value="/cliente/guardar"/>
<form action="${actionUrl}" method="post">
        <table border="0">
                <tr>
                        <td>Nombre</td>
                        <td>
                                <input type="text"
name="nombre" value="${cliente.nombre}"/>
                                Form:errors path="cliente.nombre"
cssStyle="color:red"/>
                        </td>
                        </tr>
                        <tr>
                        <td>D.N.I</td>
                        <td>
```

```
                    <input type="text" name="dni"
value="${cliente.dni}"/>
                    <form:errors path="cliente.dni"
cssStyle="color:red"/>
            </td>
            </tr>
            <tr>
            <td>Fecha Nacimiento</td>
            <td>
                    <fmt:forrmatDate
value="${cliente.fechaNacimiento}" pattern="dd/MM/yyyy"
var="data"/>
                    <input type="text"
name="fechaNacimiento" value="${cliente.dni}"/>
                    <form:errors
path="cliente.fechaNacimiento" cssStyle="color:red"/>
            </td>
            </tr>
        </table>
        <input type="hidden" name="codigo"
value="${cliente.codigo}" />
            <input type="submit" value="guardar">
</form>
```

```
        <tr>
            <td>
                Data de nascimento
            </td>
            <td>
                <fmt:formatDate value="${cliente.dataNascimento}"
                    pattern="dd/MM/yyyy" var="data"/>
                <input type="text" name="dataNascimento" value="${data}"/>
                <form:errors path="cliente.dataNascimento" cssStyle="color:red"/>
            </td>
        </tr>
    </table>
    <input type="hidden" name="codigo" value="${cliente.codigo}" />
    <input type="submit" value="Salvar">
</form
```

> Como el POJO Cliente fue instanciado por el
> construtor estandar, este campo será rellenado
> con el valor vacío. Su valor será utilizado por el
> controlador para determinar la operación en
> cuestión (inserción o edición).

A continuación vamos a ver el código fuente en el ClienteController:

```
@RequestMapping (value="cliente/guardar",
method=RequestMethod.POST)
public String guardar (@Valid Cliente cliente, BindingResult
result, Model model) {
    If (result.hasErrors()) {
        return "cliente_edicion";
    }
    try {
        If (cliente.getCodigo() == null) {
            service.insertar(cliente);
            model. addAttribute("mensaje", "Cliente
registrado con éxito.");
        }
        Else {
            service.actualizar(cliente);
            model. addAttribute("mensaje", "Cliente
actualizado con éxito.");
    } catch (Exception ex) {
```

```
            model.addAttribute("mensaje", "Se ha
producido un error durante el registro.");
                    ex.printStackTrace();
    }
    return "forward:/clientes";
}
```

El ClienteController define el formato de entrada de los
campos del tipo java.util.Date.

```
@InitBinder
public void initBinder (WebDataBinder binder) {
        SimpleDateFormat fmt = new SimpleDateFormat
("dd/MM/yyyy"),
        Binder.registerCustomEditor (Date.class, new
CustomDateEditor (fmt, true));
}
```

La página clientes.jsp tendrá el siguiente código fuente:

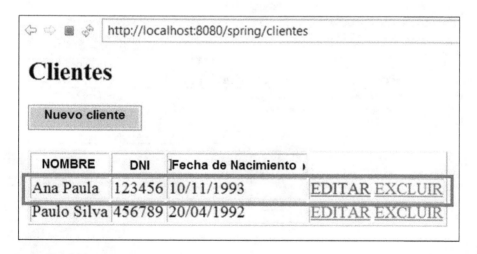

```
<a href="$ {root}/editar?codigo=$
{cliente.codigo}">EDITAR</a>
```

A continuación veremos el código fuente de ClienteController:

@RequestMapping="cliente/editar")
public String editar(@RequestParam("codigo") Integer codigo,
Model model) {
        try{
                Cliente clienteEdicion =
service.getPorCodigo(codigo);
                model.addAttribute("cliente", clienteEdicion);
                model.addAttribute("titulo", "Edición de
Cliente");
                return "cliente_edicion";
}   catch (Exception ex) {
                ex.printStackTrace();
                return "forward: /clientes";
        }

}

```
@RequestMapping(value="cliente/editar")
public String editar(@RequestParam("codigo") Integer codigo,
        Model model){
    try{
        Cliente clienteEmEdicao = service.getPorCodigo(codigo);
        model.addAttribute("cliente", clienteEmEdicao);
        model.addAttribute("titulo", "Edição de Cliente");
        return "cliente_edicao";
    }
    catch(Exception ex){
        ex.printStackTrace();
        return "forward:/clien
    }
}
```

Obtiene el POJO a partir de la base de datos y lo
pone a disposición para la vista para que los
campos del formulario de edición sean rellenados
con los datos del cliente.

A continuación vamos a ver cómo crear la vista de edición del cliente, es decir, la edición del fichero cliente_edicion.jsp:

```
<tr>
      <td>
            Fecha de Nacimiento
      </td>
      <td>
            <fmt:formatDate value="$
{cliente.fechaNacimiento}" pattern="dd/MM/yyyy"
var="fecha"/>
            <input type="text" name="fechaNacimiento"
value="$ {fecha}"/>
            <form:errors path="cliente.fechaNacimiento"
cssStyle="color:red"/>
      </td>
</tr>
</table>
<input type="hidden" name="código" value="$
{cliente.codigo};"/>
<input type="submit" value="Guardar"/>
</form>
```

Formato del valor del atributo **Cliente.fechaNacimiento** y almacena la string generada en la variable **fecha**. El formato de lectura utilizado está definido en el método **ClienteController.initBinder**.

Utilización de la variable **fecha**, generada por **fmt:formaDate**, para rellenar el valor de este campo.

```
        <td>
            <fmt:formatDate value="${cliente.dataNascimento}"
                pattern="dd/MM/yyyy" var="data"/>
            <input type= text  name= dataNascimento  value= ${data} />
                <form:errors path="cliente.dataNascimento" cssStyle="color:red"/>
        </td>
    </tr>
</table>
<input type="hidden" name="codigo" value="${cliente.codigo}" />
<input type="submit" value="Salvar">
</form>
```

Como el POJO fue obtenido a partir de la base de datos, este campo estará rellenado, haciendo que el controlador ejecute el método **service.actualizar**.

Spring y JDBC

Spring Framework nos ofrece las siguientes facilidades para la gestión de bases de datos:

- Gestión de la conexión.
- Gestión de transacciones.
- Plantillas que nos ayudan a la ejecución de instrucciones SQL.

Las principales características que nos ofrece en la gestión de de la conexión son:

- **javax.sql.DataSource**: Nos ofrece la conexión con la base de datos. Su uso elimina a la aplicación de la responsabilidad de abrir y cerrar la conexión. Un DataSource es gestionado por el contenedor web o por el Spring.
- **Pool de conexiones**: la apertura y cierre de una conexión es un proceso computacionalmente costoso. Un pool de conexiones es un mecanismo para la optimización de este proceso. En Java, una opción popular es la biblioteca C3P0, la cual es soportada por el Spring.

A continuación vamos a ver cómo podemos configurar un DataSource en applicationContext.xml:

```
<bean id="dataSource"
      Class
="org.sprinframework.jdbc.datasource.DriverManagerDataSo
urce">
      <property name="username" value="sa"/>
      <property name="password" value=""/>
```

```
        <property name="driverClassName"
value="org.h2.Driver"/>
        <property name="url"

value="jdbc:h2:tcp://localhost/~/springmvc"/>

</bean>
```

```
<bean id="dataSource"
    class="org.springframework.jdbc.datasource.DriverManagerDataSource">
    <property name="username" value="sa"/>
    <property name="password" value=""/>
    <property name="driverClassName" value="org.h2.Driver"/>
    <property name="url" value="jdbc:h2:tcp://localhost/~/springmvc"/>
</bean>
```

> Implementación de **DataSource** orienta
> solamente para pruebas y desarrollos. En
> producción, se recomienda la utilización de un
> pool de conexiones como el C3P0.

A continuación vamos a ver como realizaremos el DataSource para conectarnos a la base de datos.

```
public class ClienteDAOJdbc implements ClienteRepositorio {

        @Autowired
        private DataSource dataSource;

        public List<Cliente> getTodos() {
        try {
                Connection conexion =
dataSource.getConnection();
                Statement stm = conexion.createStatement();
                String sql = "select * from CLIENTES";
                ResultSet rs = stm.executeQuery(sql);
                ArrayList<Cliente> cliente = new ArrayList<>();
```

While (rs.next()) {
Cliente c = new Cliente();
c.setCodigo (rs.getInt("codigo"));
c.setdni (rs.getString("dni"));
....

```java
public class ClienteDAOJdbc implements ClienteRepositorio {

    @Autowired
    private DataSource dataSource;
```

Utilización de **DataSource** para obtener la conexión con la base de datos.

```java
    public List<Cliente> getTodos()
        try{
            Connection conexao = dataSource.getConnection();
            Statement stm = conexao.createStatement();
            String sql = "select * from CLIENTES";
            ResultSet rs = stm.executeQuery(sql);
            ArrayList<Cliente> clientes = new ArrayList<>();
            while(rs.next()){
                Cliente c = new Cliente();
                c.setCodigo( rs.getInt("codigo") );
                c.setCnf( rs.getString("cnf") );
```

En el archivo applicationContext.xml, modificamos la declaración del bean clienteRepositorio para poder utilizar la clase ClienteDAOMemoria, como podemos ver a continuación:

<bean id="clienteRepositorio"
        Class="dao.ClienteDAOJdbc"/>

Monitoreo de Sesiones

HTTP es un protocolo stateless, es decir, un protocolo donde los datos no se mantienen entre las peticiones. Sin embargo, es común que una aplicación web tenga que monitorear el progreso de su interacción con un cliente, como por ejemplo, en el carrito de la compra. Los Servlets nosofrecen dos mecanismos de acompañamiento de sesión: las cookies y la clase HttpSession.

Una Cookie es una pequeña cantidad de información (par clave-valor) que es generada por el servidor y se almacena en el navegador. Después de ser almacenado, la cookie es enviada al servidor siempre que el cliente realice una nueva petición. Así, el servidor consigue identificar al cliente. Al procesar una petición, el cliente envía sólo la cookie relativa a la web de destino. Es decir, una web no tiene acceso a las cookies generadas por otras webs. Las cookies en la API de Servlets son las siguientes:

- Clase javax.servlet.http.Cookie.
- Métodos HttpRequest.getCookies().
- HttpResponse.addCookie(Cookie).

Las cookies también suelen dar ciertos problemas, como por ejemplo, debido a que las cookies sólo almacenan un par clave-valor. Para cada par, se debe generar una cookie, dificultando la obtención de objetos con muchos campos.

Por ello, es posible utilizar punto y coma para definir muchos valores. Otro punto débil de las cookies es que el cliente puede modificar el valor de la cookie y también puede deshabilitar este recurso en el navegador.

La clase **javax.servlet.http.HttpSession** representa una sesión de usuario y crea una instancia para cada cliente. Esta clase se utiliza para guardar datos, incluyendo objetos, en el lado servidor. La clase java.servlet.http.HttpSession depende de las cookies.

Cuando una sesión se inicia en el contenedor, la web envía, al cliente, la cookie jsessionid cuyo valor es una secuencia hexadecimal que identifica al cliente.

Para obtener una sesión del usuario tenemos que realizar los siguientes pasos:

- En un servlet, usar el método getSession() del objeto HttpServletRequest.
- En el SpringMVC, solamente tenemos que definir un parámetro del tipo HttpSession en el método del controlador web.

Subir archivos

La función de subir archivos es, actualmente, un requisito común en casi cualquier aplicación Web. Esta operación no está soportada de forma amigable por la API de Servlets. Por ello SpringMVC nos ofrece soporte a través de las bibliotecas Commons IO y Commons File Upload, ambas desarrolladas por la Fundación Apache.

A continuación vamos a ver cómo será la configuración de la característica Upload de nuestra aplicación web:

- Declarar el bean multipartResolver en el archivo applicationContext.xml.
- En el formulario HTML, declarar el atributo enctype=?multipart/form-data? y un campo del tipo file.
- En el controlador web, definir un parámetro del tipo MultipartFile.

En el archivo applicationContext.xml usaremos este código fuente:

```
<bean id="multipartResolver"
      Class
="org.springframework.web.multipart.commons.CommonsMultipartResolver">
      <property name ="maxUploadSize"
value="5000000"/>
      <property name="maxInMemorySize"
value="5000000"/>
</bean>
```

```
<bean id="multipartResolver"
    class="org.springframework.web.multipart.commons.CommonsMultipartResolver">
    <property name="maxUploadSize" value="10485760"/>
    <property name="maxInMemorySize" value="10485760"/>
</bean>
```

Valores en bytes.

En el archivo archivos.jsp añadimos el siguiente código fuente:

```
<form action="upload" enctype="multipart/form-data"
method="post">
        <input type="file" name="file"><br/>
</form>
```

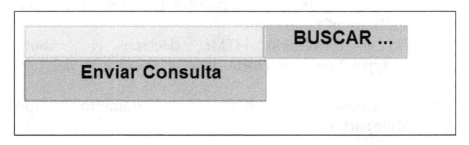

En la clase FileUploadController.java añadimos el siguiente código fuente:

```
@RequestMapping (value="upload",
method=RequestMethod.POST)

public String upload (@RequestParam("file") MultipartFile
file) {
        If (file != null) {
                Archivos.add(file);
        }

        return "forward:/archivos";
}
```

```
@RequestMapping(value="upload", method=RequestMethod.POST)
public String upload(@RequestParam("file") MultipartFile file){
    if(file != null){
        arquivos.add(file);
    }

    return "forward:/arquivos";
}
```

Es el input del tipo **file** en el formulario HTML.

archivos es una colección del tipo List<MultipartFile>. Después, los archivos están siendo almacenados en memoria. Para almacenar en un medio persistente utilice el método **getBytes** de **MultipartFile** para obtener los datos del archivo.

Descarga de Archivos

Si la subida de ficheros es una función esencial en la gran mayoría de aplicaciones Web, la descargar es en muchos casos el alma mater de la aplicación Web.

Para los archivos que estén localizados en los directorios de la aplicación (debajo de WebContent), solamente tenemos que utilizar un link relativo o la tag c:url.

Para que el contenido estático pueda ser accedido directamente por el cliente, tenemos que incluir la tag <mvc:default-servlet-handler/> en el applicationCotext.xml.

Para otros archivos (en directorios no accesibles desde la aplicación, presentes en el classpath o almacenados por la base de datos), podemos utilizar la clase HttpEntity. HttpEntity representa una petición o respuesta HTTP, permitiendo la definición de encabezados y de cuerpo de la entidad.

A continuación vamos a ver el código fuente del fichero archivos.jsp:

Archivo	Tipo	
Curso_Programaci.pdf	application/pdf	Download
Imagen.jpg	image/pjpeg	Download

```
<c:url var="path" value="/archivo"/>
<c:forEach var="archivo" ítems="$ {archivos}">
      <tr>
      <td>
```

```
$ {archivo.originalFilename}
   </td>
   <td>
       <a href="$
{path}?nombre=${archivo.originalFilename}">
Download</a>
   </td>
   </tr>
</c:forEach>
```

```
<c:url var="path" value="/a       Ejemplo de URL generada:
<c:forEach var="arquivo" it       /archivo?nombre=Imagen.jpg
    <tr>
        <td>
            ${arquivo.originalFilename}
        </td>
        <td>${arquivo.contentType}</td>
        <td>
            <a href="${path}?nome=${arquivo.originalFilename}">
            Download
            </a>
        </td>
    </tr>
</c:forEach>
```

A continuación vamos a ver el código fuente de la clase FileUploadController.java:

```
@RequestMapping (value="archivo",
method=RequestMethod.GET)

public HttpEntity<byte[]> download(@RequestParam
("nombre") String filename)
        Throws IOException {
        For (MultipartFile file : archivos) {
        If (file.getOriginalFilename().equals(filename)) {
        Byte[] bytes = file.getBytes();
```

HttpHeaders headers = new HttpHeaders();
String[] tokens = file.getContentType().split("/");
MediaType fileType = new MediaType(tokens[0], tokens[1]);
Headers.setContentType (fileType);
Headers.setContentLength (bytes.length);

return new HttpEntity<byte[]>(bytes, headers);
}
}

return null;
}

```
@RequestMapping(value="arquivo", method=Reque
public HttpEntity<byte[]> download(@RequestPa
        throws IOException{
    for(MultipartFile file : arquivos){
        if(file.getOriginalFilename().equals(fileName)){
            byte[] bytes = file.getBytes();
            HttpHeaders headers = new HttpHeaders();
            String[] tokens = file.getContentType().split("/");
            MediaType fileType = new MediaType(tokens[0], tokens[1]);
            headers.setContentType(fileType);
            headers.setContentLength(bytes.length);

            return new HttpEntity<byte[]>(bytes, headers);
        }
    }
    return null;
}
```

> Se utiliza para definir los encabezados HTTP de respuesta.

> El tipo de archivo permite que el navegador ejecute un comportamento específico al tipo. El encabezado **ContentLength** deberá ser informado para que funcione correctamente el Download.

Forward y Redirect

Es muy común que después de procesar una petición el servlet, o controlador web, direccione el flujo de la aplicación hacia una página diferente de la que se utiliza en el registro.

La API de servlets prevé dos forma de redireccionamiento: forward y redirect. La diferencia básica entre ambos está en:

- En el forward el procesamiento se realiza en el servidor.
- En el redirect el cambio de página la realiza el propio navegador.

Redirect

Al recibir una petición, la aplicación pide al navegador que acceda a una segunda URL. Por eso cambia la URL en la barra de direcciones.

La petición es un recurso del HTTP: código 301 o 302 y el encabezado Location. El reload de página no repetirá la peticón original, pero sí la segunda URL.

Como suceden dos peticiones, los datos de la primera petición, no estarán disponibles en el objeto HttpRequest de la segunda petición.

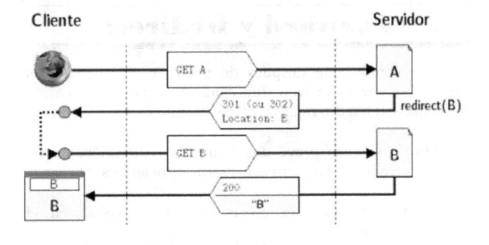

Forward

Los cambios de página/método son todas procesadas en el servidor antes de que la respuesta sea enviada al cliente. Por eso es que es posible acceder a las páginas que están debajo de WEB-INF después de un forward.

Al final del procesamiento de la petición, la URL de la barra de direcciones del navegador no cambia. Así, el reload de la página resultante volverá a ejecutar la petición original. Por tener sólo una petición, las páginas y métodos que envuelven el procesamiento de la petición utilizan el mismo objeto HttpRequest.

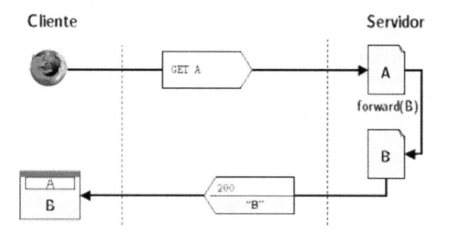

A continuación vamos a ver un ejemplo de cómo implementar una redirección. Para ello vamos a ver la clase b.jsp:

```
<body>
      Valor (param): $ {param.valor} <br>
      Valor (requestScope): $ {requestScope.valor}
<body>
```

A continuación vamos a ver como crearemos la clase redirect.java:

```
@RequestMapping ("b")
public String getB() {
      return "b";
}

@RequestMapping ("redirect")
public String redirect (HttpServletRequest request) {
      Request.setAttribute ("valor", request.getParameter
("valor"));
      return "redirect:/b";
}
```

```
@RequestMapping("forward")
public String upload (HttpServletRequest request) {
        Request.setAttribute   ("valor",   request.getParameter
("valor"));
        return "forward:/b";
}
```

Valor (param):
Valor (requestScope):

Valor (param): 5
Valor (requestScope): 5

REST

En la utilización de URLs con el Estilo REST, al revés de la utilización de parámetros de peticiones, la parametrización integra la propia URL:

- Con parámetro: /usuario?id=5
- Estilo REST: /usuario/5

Para obtener los valores, simplemente tenemos que usar @PathVariable.

A continuación vamos a ver un ejemplo. En el archivo usuarios.jsp tendríamos el siguiente código fuente:

```
<c:forEach var="usuario" ítems="$ {usuarios}">
      <tr>
      <td>$ {usuario.id}</td>
      <td>$ {usuario.nombre}</td>
      <td>
            <c:url var="url" value="/usuario"/>
            <a href="$ {url}/excluir/$ {usuario.id}">
            EXCLUIR
            </a>
      </td>
      </tr>
</c:forEach>
```

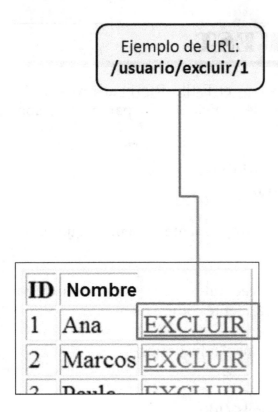

A continuación vamos a ver cómo implementar el estilo REST:

```
@Controller
@RequestMapping ("/usuario")
public class EstiloREST {
        private    ArrayList<Usuario>    usuarios    =    new
ArrayList<>();
        public EstiloREST() {...}
        public String usuarios (Model model) {...}

@RequestMapping (value="/excluir/(id)")
public String excluir (@PathVariable Integer id, Model model)
{
        For (int i = 0; i < usuarios.size(); ++) {
                Usuario u = usuarios.get(i);
```

```
            If (u.getId().equals(id)){
                    Usuarios.remove(u);
                    Break;
            }
    }
    return "redirect:/usuario/todos";
}
```

Registro Duplicado

Considere el siguiente flujo: registro de formulario →
procesamiento → forward. En caso de que el usuario realice
un reload de la página final, el navegador mostrará una
ventana de diálogo para confirmar el registro duplicado. En la
mayoría de los casos este no es el comportamiento deseado.

Para evitar el registro duplicado, se puede utilizar el estándar
post/redirect/get.

Las Tags en SpringMVC

La biblioteca de tags nos proporciona soporte para el uso de formularios y POJOS (namespace http://www.springframework.org7tags/form).

A continuación vamos a ver las diferentes tags que podemos usar:

- **form**: define un formulario y el POJO que se va a utilizar.
- **input**: define un campo HTML del tipo input.
- **checkbox**: produce un campo input del tipo checkbox. Puede estar asociado a atributos con uno o muchos valores (colecciones y arrays). Cuando su valor no es indicado, se asume el tipo boolean.
- **checkboxes**: genera varios campos del tipo checkbox. Puede ser asociado a una colección para generación de las opciones (atributo items).
- **radiobutton**: produce una tag input del tipo radio.
- **radiobuttons**: puede estar asociada a una colección o array para la generación de las opciones.
- **password**: genera una tag input del tipo password.
- **select**: produce una tag select cuyas opciones pueden ser producidas a partir de un array o colección.
- **option**: genera una tag option para un campo select.
- **options**: puede estar asociada a un array o colección.
- **textarea**: produce una tag textarea.

A continuación vamos a ver un ejemplo del código fuente de un POJO y de un formulario utilizando las tags:

El POJO:

```java
public class Pelicula {
        private String titulo, genero, valoracion;
        private int anio;
        private boolean ganadorDeOscar;
....
....
```

El formulario del archivo películas.jsp:

```
<c:url var="url" value="/nuevapelicula"/>
<form:form modelAttribute = "película" action="$ {url}">
        Título: <form:input path="titulo"/><br>
        An&ntilde;o:<form:input path="anio"/><br>
        Género:<form:select path="genero" ítems = "$
{generos}"/><br>
        Valoracion:
        <form:textarea path="valoración"/><br>
        <input type="submit">
</form:form>
```

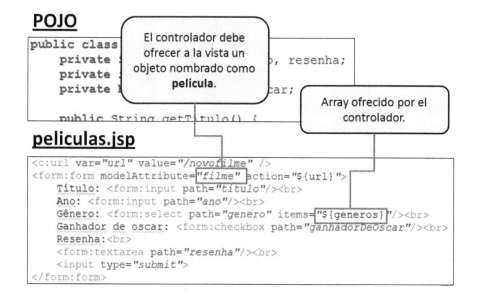

POJO

```
public class             , resenha;
    private                 :ar;
    private
    private

    public String getTítulo() {
```

El controlador debe ofrecer a la vista un objeto nombrado como **pelicula**.

Array ofrecido por el controlador.

peliculas.jsp

```
<c:url var="url" value="/novofilme" />
<form:form modelAttribute="filme" action="${url}">
    Título: <form:input path="título"/><br>
    Ano: <form:input path="ano"/><br>
    Gênero: <form:select path="genero" items="${generos}"/><br>
    Ganhador de oscar: <form:checkbox path="ganhadorDeOscar"/><br>
    Resenha:<br>
    <form:textarea path="resenha"/><br>
    <input type="submit">
</form:form>
```

A continuación vamos a ver el código fuente de Peliculas Controller:

```
@Controller
public class PeliculasController {

    private ArrayList<Pelicula> películas = new
ArrayList<>();
    private String[] generos = {"Accion", "Terror",
"Comedia"};

@RequestMapping ("peliculas")
public String películas (Model model) {
    model.addAttribute ("peliculas", peliculas);
    model.addAttribute ("generos", generos);
    model.addAttribute ("Peliculas", new Pelicula());
    return "peliculas";
}
```

```
@RequestMapping ("nuevapelicula")
public String nueva (Pelicula película) {
        peliculas. Add(película);
        return "redirect:/películas";
}
```

```
@Controller
public class FilmesController {

    private ArrayList<Filme> filmes = new ArrayList<>();
    private String[] generos = {"Ação", "Drama", "Comédia"};

    @RequestMapping("filmes")
    public String filmes(Model model){
        model.addAttribute("filmes", filmes);
        model.addAttribute("generos", generos);
        model.addAttribute("filme", new Filme());
        return "filmes";
    }

    @RequestMapping("novofilme")
    public String novo(Filme filme){
        filmes.add(filme);
        return "redirect:/filmes";
    }
}
```

> Nombre del objeto utilizado por el formulario.

Filtros

Los filtros on clases cuyos métodos pueden ser ejecutados antes de procesar las peticiones o después de la generación de las respuestas. Es un recurso de la API de Servlets.

Los filtros son útiles para a la hora de realizar acciones como la generación de logs y para el control de acceso. Para crear un filtro tenemos que:

- Implementar la interface javax.serlvet.Filter.
- Declarar el filtro en el web.xml o usar @WebFilter.

De igual manera que un servlet, un filtro está asociado a un estándar de URL. La clase javax.servlet.Filter tiene los siguientes métodos:

- **init(FilterConfig config)**: código que será ejecutado después de la creación del filtro.
- **destroy()**: código que será ejecutado antes de la destrucción del filtro.
- **doFilter(ServletRequest request, ServletResponse response, FilterChain chain)**: contiene el procesamiento principal del filtro. FilterChain se utiliza para dar procesamiento a la petición a través del método doFilter. La llamada a doFilter también define la localización de los códigos que serán ejecutados antes de la petición y después de la respuesta.

A continuación vamos a ver el código fuente de un filtro:

```
@WebFilter ("/filtro")
public class EjemploFiltro implements Filter {
        @Override
```

```
public void destroy() {}
@Override
public void init (FilterConfig config)
        Throws ServletException {}
@Override
public    void    doFilter    (ServletRequest    request,
ServletResponse response, FilterChain chain)
        Throws IOException, ServletException {
System.out.println ("Filtro: antes de la petición");
Chain.doFilter (request, response);
System.out.println ("Filtro: después de la petición");
        }
}
```

```
@WebFilter("/filtro")
public class ExemploFiltro implements Filter {
    @Override
    public void destroy(){}
    @Overrid
    public                Código localizado antes de la llamada
                     chain.doFilter(request, response): será ejecutado
    @Overrid           antes de que la petición sea encaminada
    public                          alcontrolador.
              ServietResponse response, FilterChain chain)
              throws IOException, ServletException {
       System.out.println("Filtro: antes da requisição");
       chain.doFilter(request, response);
       System.out.println("Filtro: após a requisição");

    }
}
```

```
@WebFilter("/filtro")
public class ExemploFiltro implements Filter {
    @Override
    public void destroy(){}
    @Override
    public v                              ig)
                   Encamina la petición al
    @Overrid         controlador.
    public void doFilter(ServletRequest request,
            ServletResponse response, FilterChain chain)
            throws IOException, ServletException {
        System.out.println("Filtro: antes da requisição");
        chain.doFilter(request, response);
        System.out.println("Filtro: após a requisição");
    }
}
```

```
@WebFilter("/filtro")
public class ExemploFiltro implements Filter {
    @Override
    public void destroy(){}
    @Overrid     Código localizado después de la llamada
    public v   chain.doFilter(request, response): será ejecutado
              después de la generación de la respuesta por el
    @Overrid  controlador y antes de la respuesta será encaminada
    public v              al cliente.
            ServletResponse response, FilterChain chain)
            throws IOException, ServletException {
        System.out.println("Filtro: antes da requisição");
        chain.doFilter(request, response);
        System.out.println("Filtro: após a requisição");
    }
}
```

A continuación vamos a ver el código fuente de
FiltroController:

@Controller
public class FiltroController {
    @RequestMapping (value="/filtro",
produces="text/plain")
    @ResponseBody()

```
        public String filtro() {
                System.out.println ("Controlador");
                return "OK";

        }
}
```

```
@Controller
public class FiltroController {
    @RequestMapping(value="/filtro", produces="text/plain")
    @ResponseBody()
    public String filtro(){
        System.out.println("Controlador");
        return "Ok!";
    }
}
```

> Como el objetivo del controlador es devolver texto simple a una página web, se há utilizado **@ResponseBody** para que el controlador inserte el retorno del método en la respuesta HTTP. El tipo de la respuesta (encabezado Content-type) está indicado en el atributo **produces** de **@RequestMapping**.

El resultado será el siguiente:

```
http://localhost:8080/spring2/filtro

Ok!
```

En la consola podremos ver la siguiente información:

INFO: Server startup in 3143 ms
Filtro: antes de la petición
Controlador
Filtro: después de la petición

Importar

La tag c:import del JSTL nos permite incluir en la página actual el contenido de otras páginas. Es útil para la reutilización del contenido como encabezados y pies de páginas o campos con múltiples opciones como el select.

A continuación vamos a ver un ejemplo, para ello, vamos a ver el código fuente de los archivos: opcion_estados.jsp y registro_ciudad.jsp:

El código fuente de opcion_estados.jsp:

```
<option value="Centro-oeste">Centro-Oeste</option>
<option value="Nordeste">Nordeste</option>
<option value="Norte">Norte</option>
<option value="Sudeste">Sudeste</option>
<option value="Sur">Sur</option>
```

El código fuente de registro_ciudad.jsp:

```
<form action="nuevaciudad">
    Nombre: <input name="nombre"/><br>
    Región:
    <select name="region">
        <c:import url="/opcion_estados.jsp" />
    </select><br>
    <input type="submit">
</form>
```

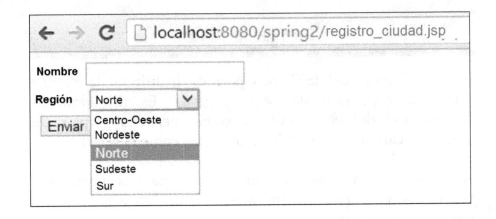

Plantillas

En una aplicación web es común establecer una identidad visual para que sea compartida por todas las páginas (encabezado, pie de página, menu, etc). A pesar de que es posible, el uso de la tag c:import no se recomienda en estos casos ya que se debe insertar el contenido compartido en todas las páginas, lo que dificulta el mantenimiento.

Templates permiten la definición y aplicación de la apariencia visual de una web de una forma más elegante, favoreciendo la separación entre el contenido y la presentación visual.

Debido a que JSP no tiene un mecanismo estándar de templates, podemos usar SiteMesh, que es un framework de templates para aplicaciones web Java de fácil configuración y uso.

Para realizar la configuración de SiteMesh haremos lo siguiente:

- Añadir el jar del SiteMesh al classpath de la aplicación.
- Declarar el filtro del SiteMesh en el web.xml.
- Crear el archivo WEB-INF/decorators.xml. Es en este archivo donde son declarados los templates de la aplicación.

A continuación vamos a ver la aplicación de SiteMesh. En el archivo web.xml, descomente la declaración del filtro del SiteMesh.

```
<filter>
        <filter-name>SiteMesh</filter-name>
        <filter-class>
```

```
            Com.opensymphony.sitemesh.webapp.SiteMeshFilter
            </filter-class>
</filter>
<filter-mapping>
        <filter-name>SiteMesh</filter-name>
        <url-pattern>/*</url-pattern>
</filter-mapping>
```

En el archivo decorators.xml tendremos el siguiente código fuente:

```
<?xml versión="1.0" encoding="UTF-8"?>
<decorators defaultdir="WEB-INF/decorators">
        <decorator name="principal" page="template.jsp">
                <pattern>/*</pattern>
        </decorator>
</decorators>
```

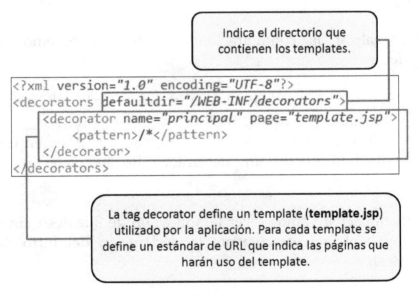

Indica el directorio que contienen los templates.

```
<?xml version="1.0" encoding="UTF-8"?>
<decorators defaultdir="/WEB-INF/decorators">
    <decorator name="principal" page="template.jsp">
        <pattern>/*</pattern>
    </decorator>
</decorators>
```

La tag decorator define un template (**template.jsp**) utilizado por la aplicación. Para cada template se define un estándar de URL que indica las páginas que harán uso del template.

A continuación vamos a ver el código fuente del archivo template.jsp:

<%@ page language="java" contentType="text/html; charset = ISO-8859-1" pageEconding="ISO-8859-1"%>
<%@ taglib
uri=**http://www.opensymphony.com/sitemesh/decorator"**
prefix="decorator" %>
<html>
<head>
    <title>Template con SiteMesh</title>
</head>
<body>
    <h2 style="background-color:
yellow;">Encabezado</h2>
    <decorator:body/>
    <hr>
    Copyleft
</body>
</html>

```
<%@ page language="java" contentType="text/html; charset=ISO-8859-1"
    pageEncoding="ISO-8859-1"%>
<%@ taglib uri="http://www.opensymphony.com/sitemesh/decorator"
    prefix="decorator" %>
<html>
<head>
    <title>Template com SiteMesh</ti
</head>
<body>
    <h2 style="background-color: yellow;">Cabeçalho</h2>
    <decorator:body/>
    <hr>
    <p style="background-color: #9FEEF8;">Copyleft</p>
</body>
</html>
```

Punto de inserción de las páginas.

El resultado que veremos será el siguiente:

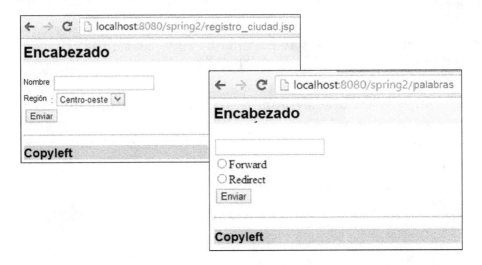

Conclusión

Para la mayoría de los escenarios a los que se enfrenta un desarrollador de software hoy en día, Spring es una alternativa muy flexible a la especificación JEE.

Una de sus principales ventajas es la independencia de un contenedor JEE, facilitando el desarrollo y, principalmente, la realización de pruebas automatizadas.

A pesar de no ser una especificación oficial, es software libre y consta de una gran comunidad de usuario.

En este libro solo se han visto algunas de las funcionalidades del framework. Existen numerosos recursos como soporte a pruebas unitarias, pruebas de integración y serialización XML, y más.

Espero que este libro le haya ayudado a conocer más el Spring y que le ayude a desarrollar software de una manera más ágil y dinámica.

El Autor

Este libro ha sido elaborado por Gabriel Méndez González, arquitecto de software desde el año 2009. Gabriel tiene experiencia en el mundo de la formación de programadores y ha dirigido equipos de desarrollo en proyectos para grandes empresas españolas y multinacionales.

ISBN: 978-1512216745

9 781512 216745